SILVIO PELLICO

LETTERE AGLISCRITTORI VENETI

LORENZO BARICHELLA

E GIULIO CESARE PAROLARI

A CURA DI CRISTINA CONTILLI

1

Lulu.com

3101 Hillsborough Street

Raleigh, NC 27607

USA

Printed in 2015

Prima ristampa: marzo 2015

INTRODUZIONE

I destinatari delle lettere di Silvio Pellico raccolte in questo volume sono due scrittori veneti, il primo per nascita (Barichella è nato e vissuto, infatti, nella sua amata Vicenza dove ancora oggi nella Biblioteca Civica sono conservati i suoi autografi e le sue numerose pubblicazioni), il secondo per adozione (Parolari, era nato, infatti, a Napoli, ma ha vissuto per molti anni a Venezia).
Queste lettere rappresentano l'evoluzione del gusto e delle idee letterarie del Pellico in un periodo poco studiato della sua vita

che va dal 1835 al 1846, dal periodo in cui Pellico lavorava ad alcune cantiche di ambientazioni medievale e alla propria autobiografia ad una stagione in cui aveva messo da parte la poesia per dedicarsi principalmente alle opere di carità al seguito della marchesa Di Barolo di cui era divenuto segretario. Passato e presente, però, tornano nelle letture del Pellico che da giovane aveva recensito per la rivista *Il Conciliatore* di cui era stato caporedattore la *Maria Stuarda* di Schiller e che ora più maturo e più attento al contenuto morale delle opere letterarie che gli vengono sottoposte loda la Maria Stuarda del Parolari che era stata criticata dallo scrittore vicentino Troilo Malipiero. Allo stesso modo torna *Thomas Moore* lettura amata dal Pellico tornato alla fede cristiana dopo la redenzione, un autore di cui circolavano nell'Italia diverse traduzioni tanto che lo stesso Pellico si era schermito quando un suo amico (il padre somasco Anton io Bottari) gli aveva proposto di curare una nuova traduzione di uno dei libri del Moore.

Queste lettere sono interessanti anche per un altro motivo rivelatore del carattere cortese, ma riservato del Pellico, oltre che della prudenza a cui la condizione di ex detenuto lo vincolava, pur essendo sempre molto gentile nelle sue espressioni e pur non lesinando lodi alle opere sia di Barichella sia di Parolari (forse lodi anche eccessive considerando che si tratta di due autori mediamente apprezzati dai contemporanei, ma non particolarmente noti neppure quando erano ancora in vita e oggi quasi sconosciuti anche agli specialisti di letteratura risorgimentale) Pellico non si discosta mai dal Lei e fa trascorrere anche parecchi mesi tra una lettera e l'altra, mantenendo, dunque, una certa distanza da quelli che considerava solo due dei tanti scrittori che gli chiedevano un parere sulle proprie pubblicazioni. Maggiore tra i due appare comunque la confidenza con Parolari che beneficiava probabilmente del fatto di essere amico dello scrittore piemontese Pier Alessandro Paravia a cui Pellico era particolarmente affezionato.

Cristina Contilli, gennaio 2015
(revisione del marzo 2015)

LETTERE A LORENZO BARICHELLA
(1835-1839)

1.

[Torino, 16 Marzo 1835]

Signore

Il mio piacere di rivedere il nostro amato Mons. Cav. De Luca[1] venuto di nuovo a confortarci ed istruirci colla sua potente eloquenza è stato accompagnato da un altro piacere quello di ricevere la gentilissima lettera di Lei Signore colla bell'Ode in cui vengo tanto ed anzi molto troppo onorato e colle due tragedie che ho pure ammirato assai. Mi rallegro con Lei che si bene coltiva la poesia ed anche la tragica che di tutte mi pare la più difficile. Tanto nel *Giovanni* come nella *Stuarda* v'è copia di pregi veri.

Le sue risposte al cortese osservatore Sig. Malipiero mi sembrano giuste.

Gradisca l'attestato della mia perfetta stima e della riconoscenza che le porto pei bei versi che mi riguardano

Obbligatissimo Servitore Silvio Pellico

Torino 16 Marzo 1835

---

[1] Probabilmente l'abate di Vicenza Serafino Antonio De Luca (1775-1858) di cui nell'800 sono state pubblicate diverse raccolte di prediche e che ho trovato citato su wikipedia come "regio predicatore nella chiesa metropolitana di Torino per la Quaresima dell'anno 1820."

2.

[Torino, s.d. 1836 dal timbro postale]

Carissimo Sig. Barichella
devo ringraziarla assai assai dell'onore procuratomi dalla visita del Sig. Marzotto venuto colla sua signora sorella.
Devo ringraziarla ancora delle passate gentilezze. Ebbi tutte le sue lettere, ebbi l'Ode bellissima. Tacqui e mi sia scusa la mia cattiva salute.
Il Signor Marzotto[2] parte domani. Mi limito a queste due righe in fretta. Tante cose al nostro De Luca. Non so nulla dell'articolo malevolo ma sicuramente non gli fa alcun torto.
La riverisco e sono di cuore
                    Il suo devotissimo servo Silvio Pellico

Lunedì di Pasqua

3.

[Torino, 3 Maggio 1839]

Pregiatissimo Signore
Le sono sommamente grato dell'onore che mi ha procurato facendomi conoscere il Molto Reverendo Padre Migani e con esso tre suoi gentilissimi compagni di viaggio. Ed altresì molto

---

[2] Non sono riuscita ad identificare con certezza il Marzotto, ho trovato tra le pubblicazioni di fine '800 un autore che si chiama Norberto Marzotto e ho anche scovato una pubblicazione d'occasione del 1837, intitolata "Per nozze Marzotto-Dalle Ore", ma non sono sicura che si tratti della medesima persona a cui si accenna in questa lettera.

la ringrazio del dono mandatomi che tengo prezioso e come pegno della cortese ricordanza e come bella tragedia. Nella stessa sera di jeri l'ho letta con assai ammirazione. Quante difficoltà in soggetto simile e come le ha vinte con valore! Io non ho più mente da comporre tragedie e parmi che le poche da me pubblicate sieno anche troppe stante la loro debolezza. Ho date alle stampe due anni sono altre Poesie, ma ne riconosco la somma imperfezione. Tuttavia si compiaccia di gradirne un esemplare in segno della mia stima.

Mi riverisca tanto l'ottimo Monsignor Cav. De Luca le cui predicazioni sono sempre ricordate dai Torinesi con particolarissimo amore. So eh egli intende prendere una risoluzione eroica cioè di ritirarsi nel Carmelo. Purché la salute gli regga! Iddio lo ispiri! Favorisca di dirgli che mi raccomando alle sue orazioni bensì senza alcun mio merito ma con venerazione ed affetto.

Ho l'onore di riaffermarmi di Lei Pregiatissimo Signore
Umilissimo e Obbligatissimo servo Silvio Pellico

Torino 3 Maggio 1839

UNA BIOGRAFIA OTTOCENTESCA
DEL DESTINATARIO DELLE LETTERE:

Lorenzo Barichella nacque in Vicenza nell'anno 1780. Dalla più tenera età accolto il germe d'ogni eletta virtù e posto agli studii diede saggi non dubbii di progresso nei rudimenti grammaticali delle due lingue italiana e latina. Progredendo cogli anni crebbe in esso l'amore alle amene lettere di cui già cominciava ad assaporare le bellezze ed alle quali si proponeva di volgersi interamente. Ma toccò appena il vigesimo anno e privo de' genitori dové pensare al sostentamento della propria famiglia e di quella eziandio di un suo stretto parente. Si acconciò quindi ad essere amministratore di due vaste agenzie che resse fino agli ultimi istanti della sua vita e chi lo conobbe occupato buona parte del giorno in faccende estranee alle lettere stupirà come a queste il Barichella dedicasse il rimanente del tempo. Percorso il vastissimo campo della poesia drammatica e conosciuti a sufficienza i migliori modelli di essa così latini come italiani si diede a calzare parecchie volte il coturno e sei suoi tentativi tragici ebbero un segno di approvazione dall'illustre autore delle Mie Prigioni, maggiore ne ottennero i lirici componimenti dove il Barichella mostrò una vena cosi feconda da non esservi pubblica o privata occasione a cui egli non consacrasse i suoi versi. Culto poi nella favella francese versato in ogni maniera di storie non che di sacra e profana erudizione raccolse nella memoria una ricca suppellettile di cognizioni e fece conoscere che la mancanza del tempo non e di ostacolo a chi vuol progredire nella via del sapere. A questi pregi intellettuali quelli pure aggiungeva del cuore. Divenuto marito e padre fu vero specchio di paterna e coniugale tenerezza amico leale e sincero coi poverelli benefico non invidioso del merito altrui col quale anzi era liberale di lodi si procacciò la confidenza dei giovani e l'amore de suoi concittadini. Pieno la mente di generosi pensieri senti altamente la dignità dell'uomo né mai piegò l'animo a basse adulazioni a vili piacente rie. Contento di mediocre fortuna non aspirò all'acquisto di beni maggiori pago di quella felicità che largamente godeva fra la quiete delle pareti domestiche e in mezzo alle dolcezze della più pura famigliare concordia. La Religione fu l'unica scorta alle azioni di Lorenzo Barichella che passò da questa a miglior vita nell'ultimo giorno di Luglio dell'anno 1844.

ALCUNE OPERE DEL BARICHELLA CONSERVATE NELLA BIBLIOTECA DI VICENZA A CUI FA RIFERIMENTO IL PELLICO NELLE SUE LETTERE:

Lo trovi in   VICENZA Biblioteca civica Bertoliana
Testo a stampa (moderno)
Monografia

Descrizione   ***Alberico da Romano : tragedia / di Lorenzo Barichella vicentino**
Vicenza : Tipografia Picutti edit., 1834
59 p. ; 21 cm
.

Codice SBN   VIA0138709
Anno pubblicazione **1834**
Primo Autore   Barichella, Lorenzo <1780-1844>

Lo trovi in   VICENZA Biblioteca civica Bertoliana
Testo a stampa (moderno)
Monografia

Descrizione   ***Caino : tragedia di Lorenzo Barichella vicentino**
Vicenza : Tipografia Picutti edit., 1836
49 p. ; 21 cm.

Codice SBN   VIA0138705
Anno   **1836**

pubblicazione
Primo Autore Barichella, Lorenzo <1780-1844>

Lo trovi in   VICENZA Biblioteca civica Bertoliana
                 Testo a stampa (antico)
                 Monografia
Descrizione   ***Maria   Stuarda   tragedia   di   Lorenzo**
                Barichella vicentino
                dopo il 1824!
                54, 6, 4, 2! p. ; 12°
Note   **A p. 51 inizia: Osservazioni sopra la tragedia**
                Maria   Stuarda   /   Troilo   Malipiero
                A p. 1 della seconda sequenza di pagine inizia:
                Notizie teatrali di vario genere. Risposta di
                Lorenzo Barichello vicentino .
Codice SBN   VIAE009992
Impronta   o?.. noi, aile MaDo (3) 0000 (Q)
Anno
pubblicazione   **1824 – 1829**
Autore   Barichella, Lorenzo <1780-1844>

Nota della curatrice:

Autografi nella Biblioteca Civica Bertoliana di Vicenza, lettere già pubblicate nel 1863 in Silvio Pellico, *Alcune lettere inedite*, Vicenza, Tipografia Paroni, 1863.

LETTERE A GIULIO CESARE PAROLARI
(1835-1846)

1.

Torino 9 Dicembre 1835

Carissimo signor Professore

Caro m'è stato il ricevere dal nostro gentilissimo cav. Paravia il dono ch'Ella Signore ha voluto cortesemente farmi della sua versione de *Viaggi d un gentiluomo Irlandese* ecc.[3] E sebbene io già conoscessi l'originale mi sono posto con piacere a leggere quest'opera fatta italiana da traduttore si valente. Mi rallegro con Lei che si lodevolmente ha consacrato una parte del suo tempo e mi rallegro col pubblico nostro che ne trarrà vantaggio.

Fra molti falsi lumi del secolo v'ha pur lumi verissimi e questi son quelli che ormai costringono chiunque sodamente ragioni a scorgere non esservi compiuta verità né altissima filosofia fuori del Cattolicismo. Il libro di Moore ha fatto gran bene in Inghilterra ed altrove e dee farne altresì fra noi.

La ringrazio delle espressioni amorevoli di che Ella m'onora e della prova di stima che m ha dato e mi protesto con ossequio

Suo obbligatissimo e devotissimo servo Silvio Pellico

---

[3] L'edizione a cui si riferisce Pellico è la seguente: *Viaggi di un gentiluomo irlandese in cerca di una religione / di Tommaso Moore; con note e traduzione dell'abate Giulio Cesare Parolari*, pubblicata a Venezia dall'editore Francesco Andreola negli anni '30 dell'800.

2.

Torino, 9 Marzo 1836

Carissimo

La sua gentilezza Le fa dir cose che non merito ma ne La ringrazio come prova in Lei d'animo indulgente e benevolo. Dica al Sig. libraio Milesi essere troppa cortesia il chiedermi licenza di ristampare le mie cinque *Cantiche*[4] avendone egli pienamente il diritto e ciò non recandomi alcun dispiacere. Altre Cantiche ad aggiungere non ho. Il romanzo da me incominciato or dorme. Non so se mi tornerà lena per ripigliarlo. Mi par sommamente difficile far libri che veramente abbiano pregi alquanto segnalati. Sento che le mie forze sono poche.

Mi conservi il suo affetto ed Ella ch'è più giovine di me studi, produca e miri specialmente a promuovere sentimenti soavi, generosi, santi.

Tal è il debito sacro delle lettere

Silvio Pellico

3.

---

[4] Probabilmente le Cantiche già pubblicate nel volume delle Opere inedite del Pellico, stampato a Torino nel 1830. In realtà Pellico aveva nel cassetto altre cantiche inedite che poi confluiranno nei due volumi delle Poesie inedite del 1837, ma probabilmente se le voleva lasciare per una pubblicazione da fare sotto il suo controllo e non per un'edizione di semplice ristampa che non gli avrebbe fruttato nulla.

[Torino, 23 Aprile 1839, probabilmente la lettera fu scritta durante la settimana Santa perché Pellico chiede a Parolari di pregare per lui nel divino Sacrifizio]

Carissimo Professore

Dal reduce amico Paravia ho ricevuto e davvero con piacere il dono gentile ch'ella ha voluto per benevolenza inviarmi. V'è anima e gusto squisito ne versi suoi al buon Marchese Gian Carlo ed altrettanto può dirsi della sua bella versione di quel caro libretto del Petrarca. Tengo preziosi ambi questi favoritimi ricordi e fo sincera stima tanto del suo modo di pensare quanto del suo ingegno.

La sua lettera cosi indulgente ed amorevole mi confonde sapendo io come leggero ed anzi nullo sia il mio merito La virtù è talmente amabile che tutti sentiamo gl'incanti di essa e io la vorrei possedere, ma il desiderio ed il fatto sono due cose così diverse. Ad ogni modo amiamola, avviciniamoci alla sua luce. Confessiamo il Vangelo e quel sublime mistero del Dio umanato e tutto il tesoro delle dottrine cattoliche e cerchiamo di far onore alla Chiesa rendendoci ragionevoli, buoni, degni di rispetto, quantunque spesso irrisi come non sapienti.

In questa continua aspirazione a edificare se non sempre possiamo riuscire a vantaggio di molti almeno siamo la consolazione d alcuni e questi riconsolano ed edificano noi.

Ah! coloro che non amano son troppi! Vendichiamoci amandoli, compassionandoli, adoperandoci per via delle nostre parole delle nostre azioni de nostri studii, de nostri scritti a mostrar loro il vero, bene, l'armonia tra il bello la scienza e la Religione.

Addio caro Parolari.

Pregate per me nel divino Sacrifizio.

15

Conservatemi la vostra buona amicizia Silvio Pellico

4.

Torino, 7 Agosto 1841

Parolari carissimo

Il vostro Idillio del quale vi rendo grazie è soave cosa tutta olezzante di pio sentire e di poesia. Il Signore vi dia salute e fortuna per bene vostro e perché gioviate altrui coli ingegno e con quella forza di buon volere che v infiamma.

Pregate per me che non opero nulla e vivo inutilmente colle mie infermità.

Sono di cuore l'amico vostro Silvio Pellico

5.

Torino, 19 Febbraio 1845

Carissimo Parolari

Il vostro amico Renier[5] da me già tenuto in pregio per sua fama venne a Torino con un altro diritto alla mia portandomi la

---

5 Giovanni Renier all'epoca canonico della cattedrale di Treviso e successivamente vescovo di Belluno di cui ho trovato questa breve biografia su wikipedia:

"Giovanni Renier (Godego, 29 gennaio 1796 – Belluno, 22 aprile 1871) è stato un vescovo cattolico italiano.

Biografia Nacque a Godego (l'odierna Castello di Godego) da Francesco e Pierina Michieletto. Fu ordinato sacerdote vostra lettera gentilissima. Godo tutto il bene che mi dice di voi ed assai pure godo della da lui [notizia] fattami circa il vostro prossimo passaggio una carriera tutta Apostolica. Egli vede in voi le virtù per quello stato e si rallegra del nobile acquisto [che] il suo buon paese sta per fare. Dio coroni questa aspettativa e cosi v'offra un campo a maggiormente servire a [voi] ed alla salute delle anime.

Io vado quanto più posso ad udire le ottime prediche del nostro valentissimo oratore. Talora i miei patimenti o qualche dovere mi tolgono questa soddisfazione. Egli sta benone la sua voce e potente come il primo giorno. Vi ringrazio dell'amorevolezza che per me serbate. Abbiatemi presente nelle vostre orazioni ed io tanto vi stimo che non potrei mettervi in dimenticanza. Paravia sta egregiamente. Egli insegna con lode e congiunge due meriti che non sempre si trovano nei letterati sapere e bontà. Lo veggo di rado stiamo lontani di casa e poi io sono ormai estraneo alla letteratura, ai passeggi, alle visite Vi auguro ogni consolazione e sono di cuore Vostro servitore ed amico Silvio Pellico

---

nell'estate 1819. Già arciprete del duomo di Mestre dal maggio 1843 e, dal gennaio 1855, canonico della cattedrale di Treviso e rettore del seminario vescovile di Treviso, nel concistoro del 17 dicembre di quello stesso anno fu preconizzato vescovo di Feltre e Belluno. Ricevette l'ordinazione episcopale nella cattedrale di Ceneda il 30 marzo 1856 per l'imposizione delle mani del vescovo Manfredo Giovanni Battista Bellati. Partecipò assiduamente al Concilio Vaticano I. Morì in vescovado a Belluno il 22 aprile 1871; il rito esequiale si tenne nella cattedrale di Belluno. Riposa nella cattedrale di Belluno."

6.

Torino, 3 Luglio 1846

Parolari stimatissimo
Il nostro Paravia è stato gravemente infermo e va a ripigliar le forze nell'aere di codesti paesi. Non potendolo accompagnare di persona, vengo in ispirito ad abbracciare VS gentilissima. La mia salute si è da un anno in qua assai migliorata talché potei fare il viaggio di Roma. Vissi otto mesi in quella gran città unica al mondo per tante insigni memorie e tanti avanzi e nobilissime produzioni d arte. Ogni cosa m ha rapito e più di tutto le innumerevoli ricordanze sacre. Vidi e rividi senza essere mai sazio e mi dolse di ripartire.
Gregorio XVI m'accolse con bontà di tenero padre. Piango la sua perdita. Il di prima della mia partenza la sua bella e forte vecchiezza era ancora da ammirarsi. Or egli certo ci protegge dal cielo e penso che abbia ottenuto alla Chiesa questa cosi pronta nominazione dell'ottimo Pio IX. Lode al Signore. Uniamoci, caro Parolari, nel santo amore di Dio.Ella è una di quelle menti che, pur coltivando diversi studii, non disdegnano il consacrarsi particolarmente alla dottrina di Gesù.
Mi raccomandi a lui ed a Maria.

Suo devotissimo servo ad amico Silvio Pellico

DUE SCHEDE BIOGRAFICHE DI GIULIO CESARE PAROLARI:

"Giulio Cesare Parolari, arciprete di Godego, già professore nel Seminario patriarcale di Venezia, amico del Pellico e di Pier Alessandro Paravia."

"Nato a Napoli nel 1808, si trasferì a Venezia con la famiglia nel 1818 e vi rimase per tutto il resto della vita, ad eccezione di brevi periodi trascorsi a Genova ed a Padova. Le sue spoglie mortali riposano a Zelarino in una tomba del vecchio cimitero sul quale ora sorge la chiesa da lui voluta e fatta costruire.

Laureato in lettere e filosofia, tra i quindici ed i venticinque anni scrisse i suoi primi tre volumetti. Uno raccoglie armoniose composizioni poetiche, l'altro prose dalle quali traspare maturità di giudizio e l'ultimo traduzioni dall'ebraico, dal greco, dal latino e dal francese. Fra le molte opere di indiscusso valore artistico e culturale vengono ricordati gli "Esercizi di Stile", le "Letture per giovanette", il "Libro del popolo", le "Nuove letture per le scuole serali e festive" e il "Giornale di un giovane viaggiatore", dedicato alle gioventù.

Dette opere furono scritte, dettate e date alla stampa in più di una edizione.

Ma, oltre che studioso, pubblicista ed autore di testi scolastici, il Parolari fu illuminato uomo di scuola. Infatti, come Primo Ispettore vigilò tutte le scuole del Distretto, diresse quella comunale e istituì, con esempio raro per allora, quella femminile e quindi quella serale per adulti.

A ricordo della sua opera pertanto, gli insegnati del Plesso qui convenuti propongono e fanno voti affinché il Nuovo Edificio Scolastico di Zelarino (Comune di Venezia) costruito in via Visinoni porti il nome di: "Scuola GIULIO CESARE PAROLARI"."

LA MAGGIOR PARTE DELLE OPERE DEL PAROLARI RISALGONO AL PERIODO 1857-1881, MA TRA LE OPERE GIOVANILI APPREZZATE DAL PELLICO SONO DISPONIBILI NELLA BIBLIOTECA MARCIANA DI VENEZIA LE SEGUENTI PUBBLICAZIONI RINTRACCIATE NELL'OPAC SBN:

Titolo	**La consolazione : epistola poetica / di Giulio Cesare Parolari**
Pubblicazione	**Venezia : dalla tipografia di Alvisopoli, 1838**

Titolo	**Le nozze d'Isacco : idillio biblico / Giulio Cesare Parolari!**
Pubblicazione	**Venezia : G. B. Merlo, 1841**

Titolo	**Dei mutamenti operati nella poesia dal cristianesimo : discorso / del professor abate Giulio Cesare Parolari**
Pubblicazione	**[Venezia : F. Andreola, 1841?]**

E NELLA BIBLIOTECA BRAIDENSE DI MILANO:

Autore principale	**Petrarca, Francesco <1304-1374>**
Titolo	**Il mio segreto ossia del disprezzo del mondo dialoghi tre / di Francesco Petrarca ; recati in italiano del professore Giulio Cesare Parolari**
Pubblicazione	**Venezia : dalla tipog. di Francesco Andreola, 1839**

Edizioni dell'epistolario di Silvio Pellico:

A. ALEARDI, A. CESARI. S PELLICO, *Lettere estratte dalla raccolta di autografi posseduta dal signor Giovanni Soster di Valdagno*, Schio Tipografia Manin, 1881.
(Contiene una lettera di Silvio Pellico indirizzata al canonico Antonio Grippa datata 12 ottobre 1838).

H. BÉDARIDA, *Un poème et une lettre de S. Pellico avec quelques autres inédits*, in "Etudes italiennes", IV(1932), pp. 239-254;
La lettera è indirizzata ad Alexandre Andryane ed è del 1852, una copia parziale è conservata alla Biblioteca Nazionale Centrale di Firenze (l'ho vista all'epoca del dottorato, ma non l'ho trascritta perché era una copia), l'originale dovrebbe essere alla Nazionale di Parigi.

P. BIGAZZI, *Mazzetto di lettere inedite con altre scritture*, Firenze, Tipografia, G. Barbera, 1867.
(Contiene una lettera di Silvio Pellico del 1832 indirizzata a Giuseppe Montani).

M. BRIGNOLI, *Lettere inedite di Silvio Pellico* in *Saluzzo e Silvio Pellico nel 150. de "Le mie prigioni". Atti del Convegno di studio : Saluzzo, 30 ottobre 1983*, a cura di A. A. MOLA, Torino, Centro di studi piemontesi, 1984, pp. 43-73.
(Contiene ventuno lettere indirizzate a Giuseppina Pellico, sorella di Silvio, scritte tra il 1844 e il 1853; nove lettere indirizzate a Giulio Caponago, scritte tra il 1836 e il 1851; una lettera indirizzata al conte E. De Seguins-Vassieux, datata 19

settembre 1832; una lettera indirizzata al critico letterario dell'*Antologia* Giuseppe Montani, datata 19 febbraio 1833; una lettera indirizzata al conte torinese Cesare Balbo, datata 8 giugno 1833; una lettera indirizzata al padre domenicano Raimondo Feraudi, priva di data; una lettera indirizzata a mons. Filippo Artico, vescovo di Asti, datata 14 agosto 1843; una lettera indirizzata al conte Vincenzo Piccolomini, datata 20 dicembre 1844; una lettera indirizzata a J. A. Martigny, datata 25 giugno 1845; una lettera indirizzata a Roberto Parenti, console del Re a Livorno, datata 1° gennaio 1848; una lettera indirizzata ad Emilia, priva di data).

D. CHIATTONE, *Una lettera di Silvio Pellico a Stanislao Marchisio* in *Piccolo archivio storico dell'antico marchesato di Saluzzo*, *Annata I*, Ristampa anastatica, Saluzzo, Editoriale Rosso, 1987.

ID., *Due lettere di Silvio Pellico* in *Piccolo archivio storico dell'antico marchesato di Saluzzo*, *Annata I*, Ristampa anastatica, Saluzzo, Editoriale Rosso, 1987.
(Contiene una lettera indirizzata al teologo Borel, datata 18 settembre 1848 ed una lettera indirizzata allo scrittore belga Léger Noel, datata 25 aprile 1839).

R. DE CESARE, *Silvio Pellico e Louise Colet* in "Giornale storico della letteratura italiana", XC, 1973.

L. GASPERINI, *Il romanticismo del Pellico in alcune lettere inedite relative al Conciliatore*, in "Archivio storico lombardo", a. VI (1941).

M. MARCHESE, *Silvio Pellico, sa vie, ses oeuvres, ses amitiés, ses lettres inédites*, in «Revue Contemporaine» III (1854),

S. PELLICO, *Alcune lettere inedite*, a cura di R. RENIER, Torino, Officina Poligrafica Ed. Subalpina, 1911.
(Contiene venti lettere indirizzate al padre somasco Antonio Bottari, scritte tra il 1838 e il 1850).

Alcune lettere inedite, Vicenza, Tipografia Paroni, 1863.
(Contiene tre lettere indirizzate allo scrittore vicentino Lorenzo Barichella).

ID., *Epistolario,* raccolto e pubblicato a cura di G. STEFANI, Firenze, Le Monnier, 1856.

ID., *Due lettere a Giuseppe Montani*, Firenze, Le Monnier, 1858.

ID., *Due lettere inedite*, pubblicate a cura di F. MARTINI, Pescia, Tipografia Benedetti e Niccolai, 1921.
(Contiene una lettera indirizzata all'ex compagno di prigionia Alexandre Andryane, datata 4 novembre 1837 ed una lettera indirizzata allo scrittore Giovanni Sabbatini, datata 17 marzo 1850).

ID., *Due lettere inedite di Antonio Rosmini e di Silvio Pellico a Luigi Fornaciari*, Firenze, Tipografia Carnesecchi, 1847.
(Contiene una lettera di Silvio Pellico datata 15 febbraio 1847).

ID., *Cinque lettere*, pubblicate da E. ROSTAGNO, Saluzzo, Tipografia Lobetti-Bodoni, 1905.
(Contiene due lettere indirizzate a Giampietro Vieusseux, datate rispettivamente 11 marzo 1833 e 23 aprile 1833; una lettera indirizzata all'attrice Angelica Armari Dalbono, datata 20 maggio 1833; una lettera indirizzata al marchese Cesare Campori, datata 14 agosto 1843 e una lettera indirizzata a Quirina Mocenni Magiotti, datata 1° gennaio 1845).

ID., *Lettere a Sophie Pannier*, in in « Revue Agostinienne » del 18 settembre 1907.
ID., *Lettera alla signora Quirina Magiotti (la donna gentile) del 12 maggio 1846*, pubblicata da D. MARTELLI, Firenze, [Le Monnier], 1892.

ID., *Lettere a Giorgio Briano: aggiuntevi alcune lettere ad altri e varie poesie*, Firenze, Le Monnier, 1861.
(Contiene cinquantotto lettere indirizzate allo scrittore Giorgio Briano; due lettere indirizzate ad Anna Briano, moglie di Giorgio; due lettere indirizzate a Felice Muletti, tre lettere indirizzate al marchese Roberto D'Azeglio; tre lettere indirizzate al conte Enrico Seyssel; due lettere indirizzate alla contessa Cristina Seyssel; sei lettere indirizzate a Giovanni Arrivabene, sette lettere indirizzate a M. Schmidt oltre alle cantiche: "Tasso e tre amici", "Tancredi", "Alla marchesa Giulia Colbert di Barolo", "L'allegria", "Prima Comunione").

ID., *Lettere alla donna gentile,* pubblicate a cura di L. CAPINERI - CIPRIANI, Roma, Società editrice Dante Alighieri, 1901.
(Contiene centoventidue lettere indirizzate a Quirina Mocenni Magiotti scritte tra il 1816 e il 1847 ed una lettera indirizzata ad Ernestina Martelli, nipote di Quirina, datata 24 ottobre 1849).

ID., *Lettere due edite da Giovanni Marziali in onore di Don Clemente Michetti per il cinquantesimo del suo sacerdozio,* Fermo, Tipografia Mecchi, 1872.
(Contiene una lettera datata 25 giugno 1845, il cui destinatario non è stato identificato ed una lettera, indirizzata al conte Serafino D'Altemps, priva di data).

ID., *Lettere famigliari inedite. Epistolario italiano,* pubblicate dal sacerdote prof. C. DURANDO, Torino, Tipografia Salesiana, 1876.
(Contiene sedici lettere indirizzate ad Onorato Pellico, padre di Silvio, centottanta lettere indirizzate a Luigi Pellico, fratello maggiore di Silvio, e centoventisette lettere indirizzate a Raimondo Feraudi).

ID., *Lettere famigliari inedite. Epistolario francese,* pubblicate dal sacerdote prof. C. DURANDO, Torino, Tipografia e Libreria Salesiana, 1878.
(Contiene tre lettere indirizzate a Margherita Tournier Pellico, madre di Silvio; una lettera indirizzata a Francesco Pellico, fratello minore di Silvio; cinquecento lettere indirizzate a Giuseppina Pellico; dodici lettere indirizzate alla marchesa Giulia Falletti di Barolo).

ID., *Lettere inedite*, pubblicate a cura di L. DELLA VALLE, Modena, Tipografia dell'Immacolata Concezione, 1861.
(Contiene tre lettere indirizzate al sacerdote Paolo Bedoschi, parroco di Chiari in Lombardia, datate rispettivamente 21 marzo 1840, 31 dicembre 1840 e 6 settembre 1841, ed una lettera, priva di data, indirizzata a Giuseppina Pellico).

ID., *Lettere inedite*, pubblicate da G. CLARETTA, Firenze, Tipografia della Gazzetta D'Italia, 1879.
(Contiene quattordici lettere indirizzate al conte torinese Maurizio Biandrate scritte tra il 1833 e il 1835).

ID., *Lettere inedite a Carlo Muletti*, pubblicate a cura del prof. F. GABOTTO, Saluzzo, Tipografia Bovo e Baccolo, 1901.

ID., *Lettere inedite al conte Andrea Gabrielli*, pubblicate a cura di A. MABELLINI, Fano, Tipografia Letteraria, 1914.

ID., *Lettere inedite a Giovan Battista Carlo Giuliari*, Verona, Franchini, 1900.

ID., *Lettere inedite a suo fratello Luigi*, pubblicate dal sacerdote C. DURANDO, Torino, Tipografia e Libreria dell'Oratorio di S. Francesco di Sales, 1875

ID., *Lettere milanesi (1815-1821)*, a cura di M. SCOTTI, Torino, Loescher - Chiantore, 1963.

ID., *Lettere scelte al padre Raimondo Feraudi*, pubblicate dal sacerdote prof. C. DURANDO, Torino, Tipografia Salesiana, 1880.

ID., *Mes Prisons. Des devoirs des hommes. Ildegarde. Lettres inédites.* Traduction nouvelle par Madame Woillez, Tours, Mame et C. Editeurs, 1846.
(Contiene due lettere indirizzate a "Madame de B.", indicata come "Madame la comtesse de Benevello" nell'edizione Stefani e 5 lettere indirizzate a "M. le comte de B." In queste lettere tutti i cognomi presentano la consonante iniziale seguita da tre asterischi).

ID., *Poesie e lettere inedite,* pubblicate per cura della Biblioteca della Camera dei Deputati, Roma, Tipografia della Camera dei Deputati, 1898.
(Contiene ventisei lettere indirizzate a Federico Confalonieri scritte tra il 1837 e il 1846 ed una lettera indirizzata alla contessa Sofia O' Ferral, seconda moglie di Federico Confalonieri, datata 20 dicembre 1846).

ID., *Tre lettere dirette al cav. Parenti, console di S.M. Sarda a Livorno,* pubblicate da F. BARIGAZZI, Firenze, Tipografia Landi, 1901.

ID., *Una lettera al cav. Lorenzo Mancini: pubblicata per la prima volta e dichiarata con note sull'autografo della Biblioteca Comunale di S. Gimignano,* Siena, Tipografia Ed. San Bernardino, 1900.

ID., *Una lettera inedita all'abate Giulio Cesare Parolari,* pubblicata a cura di F. MAZZINI, Siena, Tipografia San Bernardino, 1911.

ID., *Una lettera inedita*, Estratto da *Il Buonarroti*, 1885, serie III, Vol. II, Quaderno II, pp. 1-10.
(Contiene una lettera datata indirizzata all'incisore tedesco Karl Voigt che si era convertito al cattolicesimo dopo la lettura de *Le mie prigioni*).

ID., *Una lettera in occasione di matrimonio*, Roma, Tipografia della Camera Apostolica, 1858.

ID., *Un Te Deum inedito di Gaetano Donizetti e una lettera inedita di Silvio Pellico*, Bergamo, Officine dell'Istituto d'arti grafiche, 1907

ID., *Versi per il genetliaco della marchesa Giulia di Barolo preceduti da una lettera alla signora Nina Olivetti*, Firenze, Stabilimento Tipografico Pellas, 1890.
(Contiene una lettera, datata 25 luglio 1845, indirizzata alla poetessa fiorentina Nina Olivetti che aveva composto dei versi per il compleanno della marchesa di Barolo).

Lettere inedite di Silvio Pellico, di Lorenzo Costa e dell'ab. Placido Talia, Venezia, Tipografia di Giambattista Merlo, 1855.
(Contiene sei lettere del Pellico al sacerdote Giulio Cesare Parolari datate tra il 1835 ed il 1846).

Libri di memorie ed epistolari di personaggi dell'Ottocento in cui sono contenute lettere di Silvio Pellico

A. ANDRYANE, *Mémoires d'un prisonnier d'État au Spielberg*, Paris, Ladvocat, 1837-1838, 4 voll.

ID., *Memorie di un prigioniero di stato nello Spielberg, compagno di prigionia di Confalonieri e Silvio Pellico, unica traduzione italiana con l'aggiunta di documenti inediti e rari non compresi nell'originale francese, pubblicata con l'assenso dell'autore dal prof. Abate Francesco Regonati*, Milano, Libreria di Francesco San Vito, 1861, 4 voll.

G. ARRIVABENE, *Intorno ad un'epoca della mia vita, con l'aggiunta di sei lettere inedite di Silvio Pellico*, Torino, Unione Tipografico - Editrice, 1860.
(Contiene sei lettere indirizzate al conte Giovanni Arrivabene, datate rispettivamente 14 dicembre 1838, 14 febbraio 1839, 3 aprile 1843, 1° gennaio 1844, 4 maggio 1844, 17 novembre 1852).

F. CONFALONIERI, *Carteggio*, pubblicato con annotazioni storiche a cura di G. GALLAVRESI, Milano, Società per la storia del risorgimento italiano, 1910-1913, 3 voll.
(Contiene cinquanta lettere indirizzate da Silvio Pellico a Federico Confalonieri, scritte tra il 1819 e il 1846).

ID., *Memorie e lettere*, a cura di G. CASATI, Milano, Hoepli, 1889-1890, 2 voll.

ID., *Memorie*. Nuova edizione a cura di A. M. ORECCHIA, Milano, LED, 2004.

L. DI BREME, *Lettere*. A cura di P. CAMPORESI, Torino, Einaudi, 1966.
(Contiene dieci lettere indirizzate da Silvio Pellico a Ludovico di Breme, scritte tra il 1815 e il 1820).

G. FALLETTI DI BAROLO, *Viaggio per l'Italia: Lettere d'amicizia a Silvio Pellico (1833-1834)*, Casale Monferrato, Piemme, 1994.
(Contiene in appendice il "Piccolo diario" di Silvio Pellico, scritto nell'estate del 1837).

V. GIOBERTI, *Epistolario*, Edizione Nazionale a cura di G. CENTILE e G. BALSAMO CRIVELLI, Firenze, Vallecchi, 1927-1937, 12 voll.
(Contiene quattro lettere indirizzate da Silvio Pellico a Vincenzo Gioberti, scritte tra il 1843 e il 1845).